Impressum
Verlag: BABADADA GmbH, Nedderfeld 112 , 22529 Hamburg
Geschäftsführer / Verlagsleitung: Harald Hof
Druck: Books on Demand GmbH, In de Tarpen 42, 22848 Norderstedt

Imprint
Publisher: BABADADA GmbH, Nedderfeld 112 , 22529 Hamburg, Germany
Managing Director / Publishing direction: Harald Hof
Print: Books on Demand GmbH, In de Tarpen 42, 22848 Norderstedt, Germany

المدرسة

ښوونځی

القسم
ټولګی
يقسم
تقسيم
186/2
اللوح
د ښوونځي حويلی
المعلم
ښوونکی
ورقة
ورق
يكتب
ليکل
القلم
قلم
طاولة المكتب
المسطرة
خط کش
الكتاب
کتاب
التلميذ
زده کونکی

الحقيبة المدرسية
....
کڅوړه

المقلمة
....
د پنسل بکسه

قلم الرصاص
....
پنسل

البرّاية
....
پنسل تراش

المِمحاة
....
ربړ

دفتر الرسم
....
د رسامی پاڼه

علبة التلوين

د نقاشۍ بکس

الفرشاة

د نقاشۍ برس

الرسمة

رسامي

دفتر التمارين

د تمرين كتاب

المادة اللاصقة

سريښ

المقص

قيچي

يجمع

جمع

الرقم

شمير

الواجب المدرسي

کورنۍ دنده

يحسب

حساب

يضرب

ضرب

يطرح

منفي

hello

كلمة

كلمه

ABCDEFG
HIJKLMN
OPQRSTU
VWXYZ

الأبجدية

الفبا

A

الحرف

توری

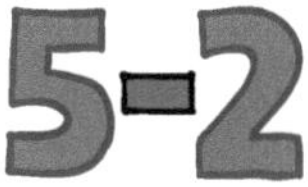

النص
....
متن

يقرأ
....
لوستل

الطبشور
....
تباشير

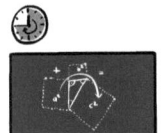

الحصة
....
درس

دفتر الدوام المدرسي
....
راجستر

الامتحان
....
ازموينه

شهادة
....
تصديق پاڼه

اللباس المدرسي
....
د ښوونځي يونيفارم

التعليم
....
تَعليم

الموسوعة
....
دايره المعارف

الجامعة
....
پوهنتون

المجهر
....
مايكروسكوپ

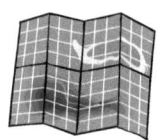

الخريطة
....
نقشه

قماما
....
اشغالدانی

Grand
فندق
بيت الشباب
ليليه
ROOMS
EXCHANGE
مكتب صرافة
د اسعارو د تبادلي دفتر
حقيبة
بکس
سيارة
موټر

حسناً

سمه ده

نعم / لا

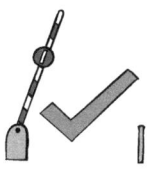

هو/نه

اللغة

ژبه

شكراً

مننه

مترجم

ژباړونکی

مرحباً

سلام

مشكلة

....

ستونزه

لا أفهم

....

زه نه پوهيږم

كم ثمن ... ؟

....

څومره دي...؟

ليلة سعيدة

....

شپه په خير!

صباح الخير!

....

سهار په خير!

مساء الخير

....

ماښام مو پخير!

أمتعة السفر

....

سامان

اتجاه

....

لاربښود

إلى اللقاء

....

په مخه مو ښه

ضيف

....

ميلمه

حقيبة ظهر

....

شاتنی بکس

حقيبة

....

بيک

خيمة

....

خيمه

كيس للنوم

....

د خوب کڅوړه

غرفة

....

خونه

بطاقة ائتمان

كريډيټ كارټ

شاطئ

ساحل

استعلامات سياحية

د توريزم معلومات

العشاء

د شپې خواړه

طعام الغداء

د غرمي خواړه

إفطار

ناری

طابع بريدي

مهر

مصعد

لفټ

بطاقة سفر

ټيکټ

سفارة

سفارت

الجمارك

ګمرک

حدود

پوله

جواز سفر

پاسپورټ

تأشيرة

ويزه

نقل

ټرانسپورټ

طائرة
الوتکه
سفينة
سيارة إطفاء
د اور ماشين
حافلة
بس
سيارة شاحنة
زورق آلي
درّاجة
بايک
سيارة

دراجة نارية
....
موټرسايکل

قارب
....
کښتۍ

عبارة
....
کښتۍ

سيارة مستأجرة
....
کرايي موټر

سيارة سباق
....
د ريس موټر

سيارة شرطة
....
د پوليسو موټر

سيارة نقل القمامة

....

ريفيوز ټرک

سيارة للجر

....

جرثقيل لرونکی ټرک

أسلوب تشاركي في استئجار السيارات

....

د کرايه موټري

محطة وقود

....

پټرول سټيشن

وقود

....

سونګ توکي

محرك

....

موټر

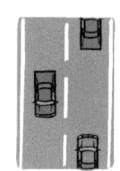

ازدحام سير

....

جام ترافيک

حركة السير

....

ترافيک

إشارة مرور

....

ترافيکي نښه

سكك حديدية

....

پاټکي

محطة قطار

....

د ريل سټيشن

موقف سيارات

....

د موټرو تمځای

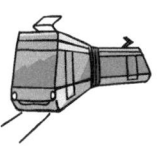

عربة قطار

....

واګون

ترام

....

ټرام

قطار

....

ريل

برج

برج

مطار

هوايي ډګر

طائرة مروحية

چورلکه

علبة كرتون

كارتون

حاوية

کانټينر

مسافر

مسافر

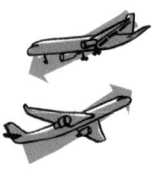

يقلع / يهبط

الوتنه کول/کښيناستل

سلة

ټوکرى

عربة يد

کارت

مدينة

ښار

بيت

کور

مركز المدينة

د ښار مرکز

قرية

کلى

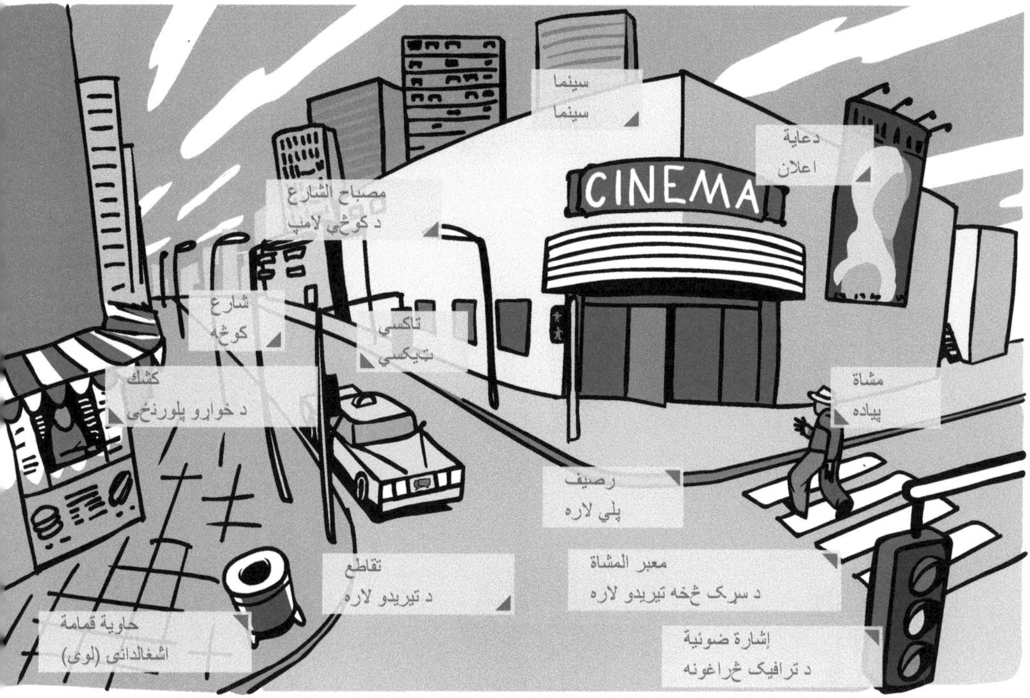

 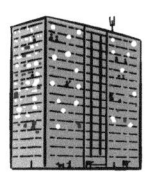 

سينما
سينما

دعاية
اعلان

مصباح الشارع
د کوڅي لامپ

شارع
کوڅه

تاكسي
ټيكسي

كشك
د خوارو پلورنځی

مشاة
پیاده

رصيف
پلي لاره

معبر المشاة
د سړک څخه تيريدو لاره

تقاطع
د تيريدو لاره

إشارة ضوئية
د ترافيک څراغونه

حاوية قمامة
اشغالدانۍ (لوی)

	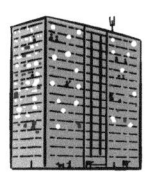	
كوخ	شقة	محطة قطار
....	....	....
كوډله	اپارتمان	د ريل ستېيشن

دار البلدية	متحف	المدرسة
....	....	....
ټاون هال	ميوزيم	ښوونځی

المستشفى

روغتون

مصرف

بانک

الجامعة

پوهنتون

مكتب

دفتر

صيدلية

درملتون

فندق

هوټل

محل لبيع الزهور

د ګلانو پلورنځی

متجر

پلورنځی

مكتبة

کتاب پلورنځی

متجر كبير

د ډيپارټمنټ سټور

سوق

مارکيټ

سوبرماركت

لوی پلورنځی

ميناء

لنګرتون

مركز تسوّق

د پلور مرکز

تاجر السمك

کب پلورنځی

جسر
....
پل

مقعد
....
بينچ

حديقة عامة
....
پارک

نفق
....
تونل

مترو
....
د ځمکي لاندي

درج، سلم
....
زينه

مطعم
....
ریستورانټ

بار
....
بار

موقف حافلات
....
بس تمځای

مقياس زمن الوقوف
....
د پارک کولو میټر

لافتة باسم الشارع
....
د کوڅې نښه

صندوق البريد
....
پوست بکس

مسجد
....
مسجد

مسبح
....
د لامبو حوض

حديقة حيوانات
....
ژوبڼ

مقبرة

هديره

تلوث البيئة

ناپاكي

مزرعة

كرونده

معبد

معبد/كليسا

ملعب الأطفال

د لوبو ډګر

كنيسة

چرچ

طبيعة ريفية

منظره

ورقة
پاڼه
علامة إرشاد
د لارښووني نښه
طريق
لاره
مرج
چمن
حجر
کاڼی
شجرة
ونه
رحالة
هيكر
نهر
سيند
عشب
واښه
زهرة

بحيرة

ناور

جبل

غونډۍ

وادٍ

دره

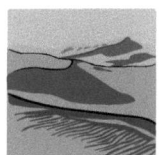

بركان

اورشيندی

صحراء

دښته

غابة

ځنګل

فِطر

مرخيړي

قوس قزح

رنګين كمان

قلعة

كلا

ذبَّانة

الوتل

بعوض

ماشي

نخلة

پلم ونه

عنكبوت

غونډل/جولا

نحلة

مچۍ

نملة

ميږی

خنفساء

كونكبت

ضفدعة

چونگبىره

سنجاب

نولى

قنفذ

زيرىكى

أرنب

سوى

بومة

كونگ

عصفور

مرغى

بجعة

قازه

خنزير برّي

نرخوك

غزال

هوسى

إلكة

گاوزه

سد

بند

دولاب الطاحونة الهوائية

بادي توربين

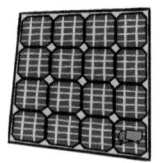

خلية شمسية

سولر تختى

مناخ

اقليم

مطعم

ريسټورانټ

نادل
پیشخدمت
لائحة الطعام
مینو
كرسي
چوکۍ
حساء
سوپ
بيتزا
پيزا
أدوات المائدة
ښاخې، چاقو، کاشوغه
غطاء المائدة

مقبلات

....

سټارټر

الصحن الرئيسي

....

اصلي خواړه

حلوى أو فاكهة بعد الطعام

....

شيريني

مشروبات

....

څښاک

طعام

....

خواړه

زجاجة

....

بوتل

إبريق الشاي
....
چاى جوش

طعام الشارع
....
د کوڅې خواره

وجبات سريعة
....
فاسټ فوډ

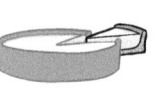

آلة الإسبريسو
....
اسپرسو مشين

حصّة
....
برخه

علبة السكر
....
قندانۍ

صينية
....
مجمه

فاتورة
....
رسيد

كرسي عالٍ
....
لوړه چوکۍ

ملعقة
....
قاشق

شوكة
....
پنجه

سكين
....
چاکو

كأس
....
ګلاس

منديل المائدة
....
سورويټ

ملعقة الشاي
....
چاى قاشق

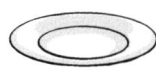

صحن الفنجان

....

نالبکی

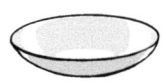

صحن الحساء

....

د سوپ پلیټ

صحن

....

پلیټ

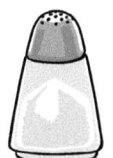

مطحنة الفلفل

....

د مرچ ټکولو لوخی

مملحة

....

مالگه شیندونکی

صلصة

....

ساس

توابل

....

مساله

زيت الطعام

....

غوړي

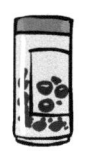

خلّ

....

سرکه

مايونيز

....

چکه

خردل

....

شړشم

كتشاب

....

کچ اپ

سوبرماركت

لوی پلورنځی

عرض خاص
ځانګړی وړاندیز
FOR
زبون
پیرودونکی
مشتقات الحليب
لبنيات
فواكه
ميوه
عربة تسوق

جزّار

....

قصابي

مخبز

....

نانوايي

يزن

....

وزن کول

خضار

....

سبزيجات

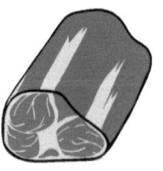

لحم

....

غوښه

المأكولات المجمّدة

....

کنګل خواړه

مسحوق الغسيل
....
د مینځلو پوډر

معلبات
....
کنسروا خواړه

مرتدلا أو جبن
....
یخه غوښه

منظفات
....
د پاکولو محصولات

المواد المنزلية
....
کورني تولیدات

حلويات
....
شیریني

أمين صندوق
....
صراف

صندوق الحساب
....
د نغدي راجستر

بائعة
....
د پلور فرد

محفظة النقود
....
بټوه

أوقات العمل
....
کاري ساعتونه

قائمة المشتريات
....
د پیرود لیست

كيس بلاستيكي
....
پلاستیک کڅوړه

حقيبة
....
کڅوړه

بطاقة ائتمان
....
کریډیټ کارت

مشروبات

څښاک

حليب

شيده

عصير

جوس

ماء

اوبه

بيرة

بير

نبيذ

واين

كولا

کوک

شاي

چای

كاكاو

ککاو

كحول

الكول

كابوتشينو

کپچينو

قهوة إسبريسو

اسپرسو

قهوة

كافي

طعام

خوارہ

برتقال

....

نارنج

تفاح

....

مڼه

موزة

....

کیله

جزرة

....

گـازره

ليمون

....

ليمو

بطيخ

....

هندواڼه

بصل

....

پیاز

خيزران

....

بانکس

ثوم

....

هوږه

شعيرية

....

آش

لوزيات

....

چغزی

فِطر

....

مرخیري

سلطة

....

سلاد

أرزّ

....

وريجي

سباغيتي

....

سپیګټي

بيتزا

....

پیزا

بطاطا مقلية

....

سره کړي کچالو

بطاطا مقلية

....

چپس

شريحة لحم مقلية

....

کتره

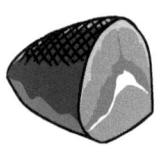

ساندويش

....

ساندویچ

هامبورغر

....

همبرګر

سجق

....

ساسج

سلامي

....

سلمي

لحم خنزير

....

د پتون غوښه

سمك

....

کب

لحم محمر

....

روسټ

دجاج

....

چرګ

كورن فلكس

....

د جوار پلی

موسلي

....

موسلي

دقيق الشوفان

....

د وربشي شيرني

خبز صغير

....

د ډوډۍ رول

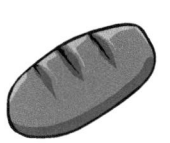

كرواسان

....

کروسانت

طحين

....

اوړه

بسكويت

....

بسکیټ

خبز محمص

....

ټوسټ

خبز

....

ډوډۍ

كعكة

....

کیک

لبن زبادي

....

چکه

زبدة

....

کوچ

جبنة

....

پنیر

بيض مقلي

....

پخې هګۍ

بيضة

....

هګۍ

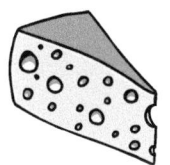

عسل

شهد

سگر

بوره

مثلجات

آیس کریم

الكاري

كوركمان

كريم النوغا

نوگات كريم

مربّى الفاكهة

مربا

كرونده

بيت الفلاح
د كروندې خونه
مخزن غلال
غوجل
رزمة من التبن
د بوسو كـېډۍ
حقل
حصان
اس
مقطورة
لاس گـاډی
جرار
مهر
كوچنی اس
حمار
خر
خروف
پسه
خروف
وری

ماعز
....
وزه

بقرة
....
غوا

عجل
....
خوسکی

خنزير
....
خوگ

خنزير صغير
....
د خوگ بچی

ثور
....
غويی

صوص
....
چرګوړی

بطة
....
هیلۍ

إوزّة
....
بته

جرذ
....
سارای موږک

ديك
....
بانګي

دجاجة
....
چرګه

ثور
....
غویی

فأر
....
موږک

قطّة
....
پیشک

خرطوم الحديقة
....
د باغ هوز

كوخ الكلب
....
د سپي خونه

كلب
....
سپی

المحراث
....
یوی

منجل
....
لور (داس)

إبريق
....
د اوبو لوخی

مذراة الزبل

بښاخی

معزقة

رمبی

منجل

لور

معلف

ناوه

عربة يد

کراچۍ

بلطة

تبر

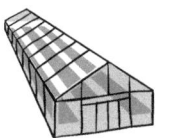

سياج

کټاره

كيس

جوال

صفيحة الحليب

د شیدو لوخی

تربة

خاوره

دفيئة

شنه خونه

اصطبل

مضبوط

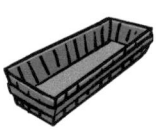

حصّادة درّاسة

گډ ریبونکی ماشین

سماد

سره/کود

بذور

تخم

بطاطا يامس

....

خوارږه كچالو

محصول

....

درمند

يحصد

....

زيرمه كول

بطاطا

....

كچالو

صويا

....

سويا

قمح

....

غنم

شجرة فاكهة

....

د ميوې ونه

سلجم

....

نباتي تخم

ذرة

....

جوار

الحبوب

....

غله

نبات منيهوت

....

مانيوک

بيت

کور

مدخنة
درځه
سقف
بام
مزراب
ناودان
نافذة
کړکۍ
جرس الباب
د دروازې زنګ
مرآب
باب
دروازه
اشغالدانی
صندوق البريد
د ليک بکس
حديقة
باغ

غرفة جلوس

د اوسيدو خونه

الحمّام

حمام

مطبخ

پخلنځی

غرفة النوم

د ويده کيدو خونه

غرفة الأطفال

د ماشوم خونه

غرفة الطعام

د خوارو خونه

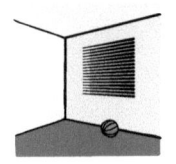

سقف

چت

حائط

ديوال

أرضية

فرش

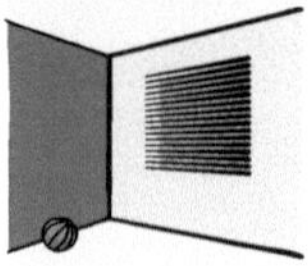

بلكون

بالكوني

ساونا

سونا

قبو

زيرخانه

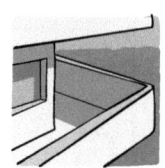

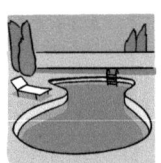

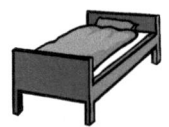

جزّازة العشب

د چمن وهلو ماشين

مسبح

حوض

شرفة

تیراس

سرير

تخت

بطانية

روجايى

بياضات السرير

شيټ

مفتاح كهربائي

سويچ

سطل

بوكه

مكنسة

جارو

غرفة جلوس

د اوسيدو خونه

ورق جدران
صورة
عكس
مصباح كهربائي
لامپ
رف
شيلف
خزانة
الماری
تلفزيون
تلويزيون
موقد مفتوح
نغری
زهرة
گل
وسادة
كنبة
صوفه
مزهرية
گلدانی
تحكم عن بعد

طاولة

ميز

ستارة

پرده

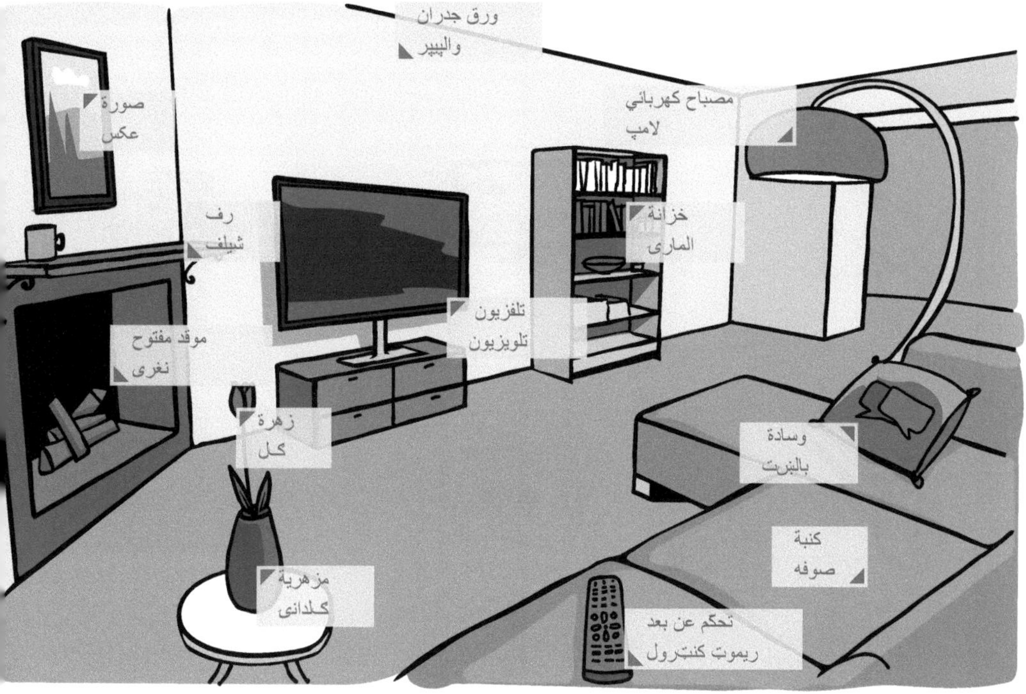

بصاط

غالی

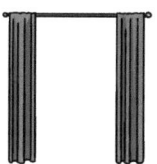

كرسي ذو ذراعين

بازو لرونكی چوكۍ

كرسي هزّاز

تاويدونكي چوكۍ

كرسي

چوكۍ

زخرفة

ديكوريشن

بطانية

کمپل

الكتاب

کتاب

تجهيزات ستيريو

هاي‌فاى

فيلم

فلم

الحطب

د اور لرګي

لوحة مرسومة

نقاشي

جريدة

ورځپاڼه

مفتاح

کلي

دفتر ملاحظات

کتابچه

راديو

راډيو

مُلصق

پوسټر

شمعة

شمع

صبّار

کاکتوس

المكنسة الكهربائية

واکيوم جارو

مطبخ

پخلنځی

براد
فريج
ميكروويف
مايكرو ويو اون
ميزان المطبخ
محمصة الخبز
منظفات
مينځونکی
فرن
سټوو
ثلاجة
قماما
اشغالدانی
جلاية
د لوخو مينځونکی

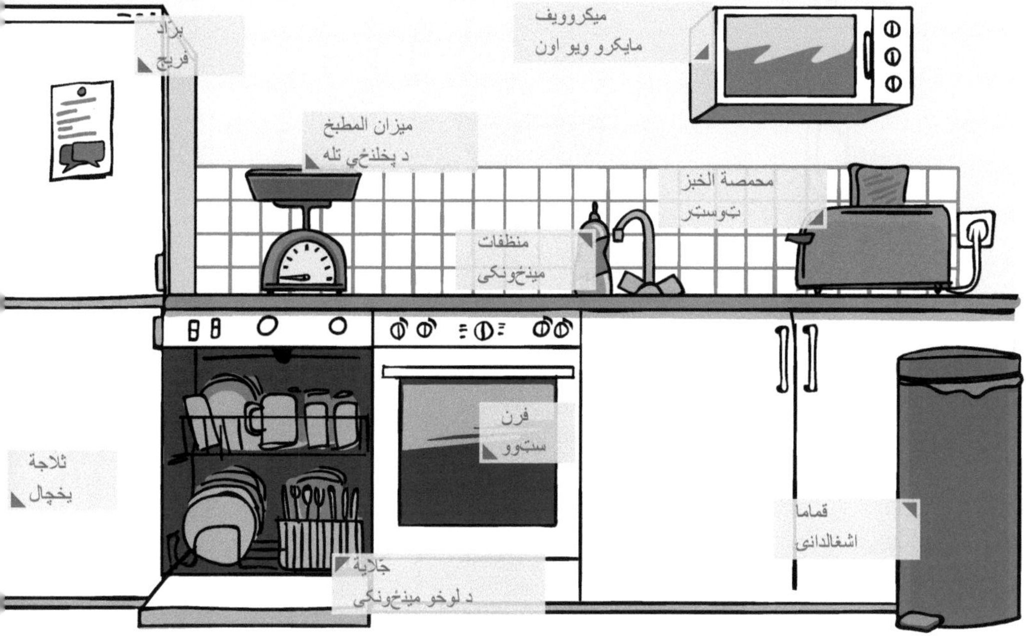

وعاء من الحديد

چدني لوخی

قِدر

لوخی

موقد

ديک بخار

غلاية

چای جوش

مقلاة

د تلي په

قدر صيني

ووک

أواني

لوخي

صينية

پتنوس

قدر البخار

د بخار دیګ

عيدان الأكل

د رانيولو اوزار

صحن

كاسه

فنجان

مګ

خفاقة

پاكونكى

ملعقة منبسطة

كفګير

مغرفة

ځمڅۍ

مِبشرة

ګريټر

مصفاة

غلبيل

مصفاة

صافي

موقد

خلاص اور

شواء

بار بي كيو

هاون

اونګ

مفتاح الزجاجات

كارک سکریو

نشّابة

هوارونکی

لوح التقطيع

تخته

قماش الفرن

د لوخي ټوټه

مفتاح العلب المعدنية

د ټیم خلاصونکی

علبة

ټیم

إسفنج

سپنج

فرشاة

برس

مجلى

ظرف شوی

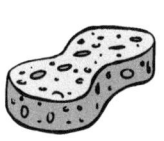

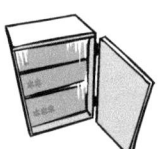

زجاجة الطفل

د ماشوم بوتل

مجمّدة

ژور يخچال

خلاط

بليندر

صنبور الماء

نل

الحمّام

حمام

دوش
شاور
ستارة الدوش
د شاور پرده
منشفة
جان پاک
تدفئة
تودول
حمام رغوة
ببل حمام
حوض الحمام
د حمام ټب
كأس
ګلاس
غسّالة
د مینځلو مشین
صنبور الماء
نل
بلاط
ټایلونه
قفازات مطاطية

حوض التشطيف

كمود

مرحاض القرفصاء

فرشي كمود

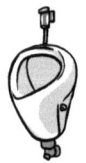

حمام

تشناب

فرشاة الحمام

د تشناب برس

ورق المرحاض

تشناب كاغذ

مبولة

د متيازو ځای

38 حمام - الحمّام

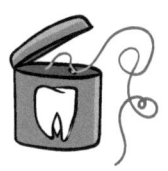

خيط حرير لتنظيف الأسنان

....

د غاښونو نخ

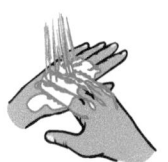

معجون الأسنان

....

د غاښونو كريم

فرشاة الأسنان

....

د غاښونو برس

شطاف

....

دوش

رشاش ماء يدوي

....

لاسي شاور

يغسل

....

مينځل

صابون

....

صابون

فرشاة الظهر

....

د شا برس

حوض الغسيل

....

خانک

ممسحة

....

فلانل جامه

شامبو

....

شامپو

جيل الدوش

....

د شاور ژل

مزيل الروائح

....

سپرى

مرهم

....

كريم

مصرف للماء

....

وچول

موس حلاقة
....
ريزر

مرآة يد
....
لاسي آينه

مرآة
....
آينه

مشط
....
ګمنځ

كولونيا
....
د خريلو وروسته

رغوة الحلاقة
....
د خريلو فوم

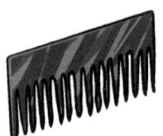

مثبت للشعر
....
د ويښتانو سپرې

سشوار
....
د ويښتانو وچونکی

فرشاة
....
برس

طلاء أظافر
....
د نوکانو پالش

روج
....
ليپ سټيک

ماكياج
....
ميک اپ

عطر
....
عطر

مقص أظافر
....
ناخن ګير

قطن
....
کاټن وړی

ميزان
....
د وزن کولو تله

مقعد صغير
....
سټول

سلة الغسيل
....
د مينځلو کڅوړه

سدادة قطنية
....
ټامپون

قفازات مطاطية
....
د ربړ دستکش

معطف الحمام
....
د حمام پوښاک

تواليت كيميائية
....
کيميکل تشناب

منشفة صحية
....
صحيی جان پاک

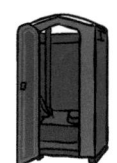

غرفة الأطفال

د ماشوم خونه

د الارم ساعت
الحيوانات المحنطة
د لوبو وسايل
سيارة لعبة
د ناڅكي موټر
خشخشة
بيت الدمى

بالون
بالون

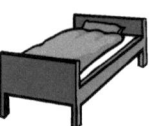

سرير
تخت

عربة الأطفال
كالسكه

لعبة الورق
د لوبو ورقې

أحجية
جيګسا

رسوم هزلية
مسخره

دمية بطل

....

د اکشن فيگور

حجارة تركيب

....

د نانځکو بلاک

أحجار الليغو

....

ليگو بريک

دمية معلقة

....

موبايل

فريسبي

....

فريزبي

لباس الطفل

....

د ماشوم پوښاک

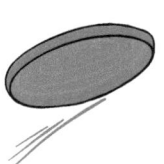

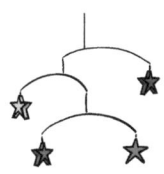

لعبة قطار

....

ماډل ريل سيټ

لعبة النرد

....

تاس

لعبة الطاولة

....

بورډ لوبه

كتاب مصوّر

....

د عکسونو البوم

حفلة

....

پارټي

مصّاصة

....

گونگشی

يلعب

....

لوبيدل

دمية

....

نانځکه

كرة

....

بال

لعبة
....
نانځکي

أرجوحة
....
سوينګ

ملعب رملي للأطفال
....
د شګو کنده

دمية على شكل الدب
....
ګوډګه

دراجة ثلاثية
....
ټرای سایکل

ألعاب فيديو
....
د ویډیو لوبو کنسول

خزانة الثياب
....
د کالو الماری

ثياب

پوښاک

جورب بنطلون
....
ټايټس

جوارب طويلة
....
لوړې جرابې

جوارب قصيرة
....
جرابې

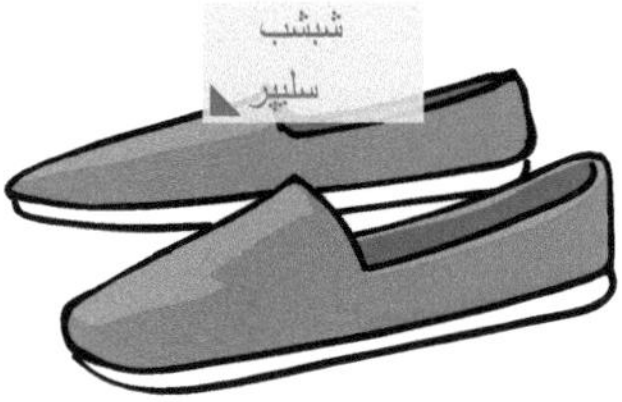

شال
زړوکی

شمسية
چتری

تي شيرت
ټي شرت

حزام
کمربند

حذاء شتوي
بوتان

شبشب
سلیپر

أحذية رياضية
سنیکر

صندل	حذاء	جزمة كاوتشوك
سیندل	بوتان	د ربر بوتان

سروال داخلي	صدّارة	قميص داخلي
زیرنیکري	سینه بند	واسکت

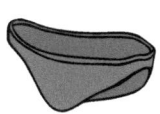

جينز

جينز

بنطلون

پتلون

لباس ملاصق للجسم

بادي

قميص

شرټ

بلوزة

بلاوز

تنورة

لمن

سترة فضفاضة

بليزر

كنزة كم طويل

سويټر

سترة قطنية

بنيان

معطف مطري

د باران کوټ

معطف

کوټ

سترة

جاکټ

ثوب الزفاف

د واده پوښاک

ثوب

کالي

زي - طقم نسائي

پوښاک

بيجاما

پاجامه

قميص نوم

د شپې پوښاک

طقم

دريشي

عمامة

پټکی

حجاب

لوپټه

ساري

ساړي

عباءة

عبا

قفطان

کفتن

برقع

برقه

شرت

شارټ

سروال سباحة

نيکر

مايوه

د لامبو پوښاک

قفازات

دستکش

مئزر

پيش بند

بدلة رياضية

د ځغاستې پوښاک

إسوارة

لاس بند

نظّارة

عینک

زر

بټڼ

قرط

غوږوالۍ

خاتم

ګوتمه

عقد

غاړه کۍ

قبّعة

خولۍ

علاقة ثياب

کوټ بند

طاقيّة

خولۍ

خوذة

هیلمیټ

سحّاب

ځنځیر

ربطة العنق

ټایی

زي موحّد

یونیفارم

اللباس المدرسي

د ښوونځي یونیفارم

حمّالة البنطلون

تړونکی

لفافة

....

نيپي

مصّاصة

....

ګـونګـشی

مريلة الأطفال

....

بيب

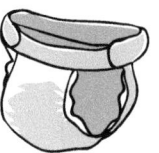

مكتب

دفتر

المخدّم
سرور
خزانة الملفات
د دوسيه الماری
طابعة
پرينټر
ورقة
ورق
شاشة
طاولة المكتب
ديسک
فارة
ماوس
ملف
لوحة المفاتيح
کي بورډ
قماما
اشغالدانی
حاسوب
کمپيوټر
كرسي
چوکی

الإنترنت

....

انټرنيټ

الآلة الحاسبة

....

کالکوليټر

كأس من القهوة

....

د کافي پياله

خبر

....

پیغام

رسالة

....

لیک

الحاسوب المحمول

....

لپ ټاپ

جهاز تصوير

....

فوټوکاپیر

شبكة

....

نیټورک

الهاتف المحمول

....

موبایل

مقبس كهربائي

....

پلګ ساکټ

هاتف

....

تلیفون

البرمجيات

....

سافټویر

وثيقة

....

سند

استمارة

....

فارم

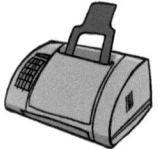

فاكس

....

فکس مشین

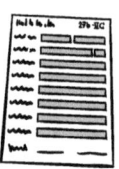

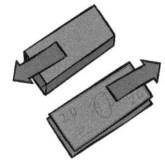

اقتصاد

اقتصاد

يتاجر

سوداگـري كول

يدفع

تاديه كول

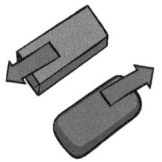

يشتري

پيرل

يورو

يورو

دولار

ډالر

مال

پيسې

فرنك سويسري

سويسي فرانک

روبل

ربل

ين

ين

صرّاف آلي

د نغدي پيسو ځای

روبية

روپۍ

يوان

رينمينبي يوان

فضة
....
سپین زر

ذهب
....
سره زر

مكتب صرافة
....
د اسعارو د تبادلي دفتر

سعر
....
نرخ

طاقة
....
انرژي

نفط
....
تيل

سهم
....
اسهام

ضريبة
....
ماليه

عقد
....
قرارداد

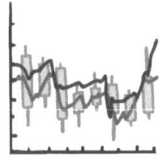

رب العمل
....
كار گـومارونكی

موظف
....
كارمند

يعمل
....
كار كول

متجر
....
پلورنځی

مصنع
....
فابريكه

المِهَن
مسلکونه

الشرطي
د پولیسو افسر
رجل إطفاء
د اطفایه غرى
طبّاخ
آشپز
الطبيب
ډاکټر
طيّار
پیلوټ

بستاني

باغوان

نجّار

نجار

خيّاطة

خیاط

قاض

قاضي

كيميائي

کیمیا پوه

ممثل

د فلم لوبغاړی

صياد سمك

كب نيونكى

سائق تاكسي

د ټېكسي ډرايور

سائق حافلة

د بس ډرايور

نادل

پېشخدمت

بنّاء سقف

بام جوړونكى

أجيرة للتنظيف

خدمه

خباز

نانوا

رسّام

نقاش

صيّاد

ښكاري

مهندس

انجنير

عامل بناء

تعمير جوړونكى

كهربائي

د برښنا كاركونكى

ساعي البريد

پوست رسونكى

سمكري

نلدوان

لحّام

قصاب

جندي
سرتيری

مهندس معماري
مهندس

أمين صندوق
صراف

بائع الزهور
ماليار

حلاق
نايی

مراقب القطار
کلیندر

ميكانيكي
ميكانيك

قبطان
کپتان

طبيب أسنان
د غاښونو ډاکتر

رجل العلم
ساینس پوه

حاخام
ښاغلی

إمام
امام

راهب
مذهبي نفر

كاهن
پادري

عدة عمل

لوازم

مطرقة
كمّاشة
مفك البراغي
مفتاح ربط
رينچ
مصباح يد

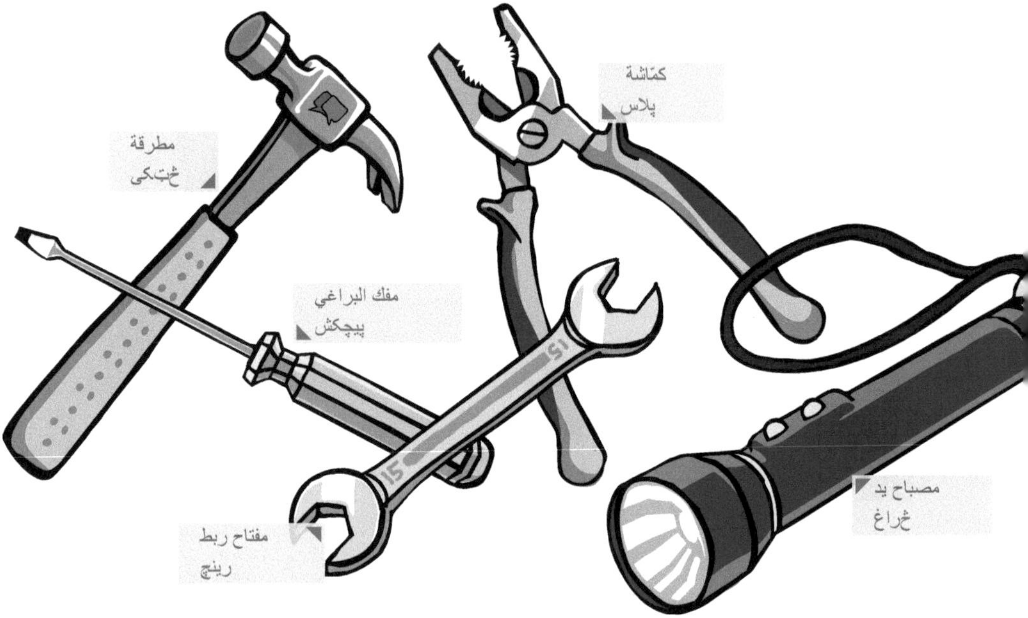

سلّم

زينه

صندوق العدة

د لوازمو بكس

جرافة

كنستونكى

مثقب

برمه

مسامير

ميخونه

منشار

اره

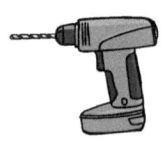

اللعنة

لعنت!

مجرفة

بيل

يصلح

ترميم كول

براغي

پيچونه

سطل الألوان

مشواڼی

لقاطة الكناسة

خاک انداز

آلات موسيقية

د میوزیک آلات

مكبر الصوت
لاوډ سپیکر
آلات الإيقاع
درم سيټ
غيتار
بوق
ټرومپیټ
كمان أجهر

جهير

باس

كمنجة

وايلن

بيانو

پيانو

بيانو كهربائي

كي بورډ

طبل

ډرمونه

طبل كبير

نغاره

ميكروفون

مايكروفون

ناي

شپیلۍ

ساكسوفون

سيكسافون

حديقة حيوانات

ژوبڼ

مدخل
ننوتو لاره
نمر
قفص
پنجره
حمار الوحش
گوره خر
علف للحيوانات
د ژويو خواره
پاندا

كنغر

کنگرو

فيل

هاتي

حيوانات

ژوی

دب

ايږه

غوريلا

گوريلا

وحيد القرن

د اوبو اسپ

أسد

زمری

نعامة

شترمرغ

جمل

اوښ

ببغاء

طوطي

طائر فلامينغو

غزی

قرد

بيزو

سمك القرش

شارک

بطريق

پينګوين

دب قطبي

قطبي ايږه

تمساح

تمساح

أفعى

مار

طاووس

طاوس

نمر أمريكي مرقط

جګوار

عجل البحر

سيل

حارس في حديقة الحيوان

ژوبڼ ساتونکی

فرس النهر

هیپو

نمر

پڵانگ

فرس قزم

یابو

خنزير برّي

نرخوگ

نسر

باز

زرافة

زرافه

حيوان فظ البحري

سمندري نولی

سلحفاة

شمشتی

سمك

کب

غزال

هوسی

ثعلب

گیدڕه

كرة القدم الأمريكية
امريكايى فتبال
ركوب الدراجات
سايكل ځغلول
كرة التنس
كرة السلة
باسكيټبال
السباحة
لامبو
هوكي الجليد
د كنګل هاكي
الملاكمة
باكسينګ

كرة القدم

فټبال

الريشة الطائرة

كسيزه

ألعاب القوى الخفيفة

د ځغاستي لوبي

كرة اليد

د هندبال

التزلج على الثلج

سكي

بولو

پولو

نشاطات

فعاليتونه

يقفز
ټوپ وهل
يعانق
غاړه ورکول
يضحك
خندل
يمشي
يغني
سندري ويل
يحلم
خوب ليدل
يصلي
عبادت کول
يقبل
مچو کول

يُري

....

ښودل

يرسم

....

کښل

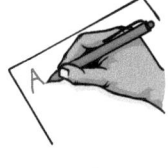

يكتب

....

ليکل

يأخذ

....

اخيستل

يعطي

....

ورکول

يدفع

....

ټېله کول

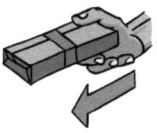

يوجد

پايېدل

يعمل

کول

يملك

درلودل

يسحب

راکښل

يركض

منډې وهل

يقف

ودريدل

يستلقي

څملاستل

يقع

لويدل

يرمي

گوزارل

يجلس

کښيناستل

يحمل

وړل

ينتظر

انتظار کول

يستيقظ

پاڅېدل

ينام

ويده کيدل

يلبس

پوښاک اغوستل

يمسّد
....
بريد كول

يبكي
....
ژړل

ينظر إلى ..
....
كتل

يفهم
....
پوهيدل

يتكلم
....
خبرې كول

يمشّط
....
ګمنځ كول

يشرب
....
څښل

يسمع
....
اوريدل

يسأل
....
غوښتل

يحب
....
مينه كول

يرتب
....
پاكول

يأكل
....
خوړل

يطير
....
الوتل

يقود
....
موټر چلول

يطبخ
....
پخلى كول

يقرأ
....
لوستل

يحسب
....
حساب

يبحر بزورق شراعي
....
بیړی چلول

يتزوج
....
واده کول

يعمل
....
کار کول

يتعلم
....
زده کول

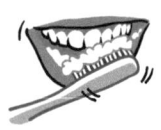

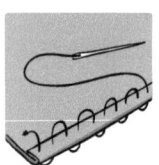

يقتل
....
وژل

ينظف أسنانه
....
د غاښونو برس کول

يخيط
....
ګنډل

يرسل
....
لیږل

يدخن
....
سګرټ څښل

جدّة
نيا

جدّ
نيكه

أب
پادر

الطفل
ماشوم

أم
مور

ابنة
لور

ابن
زوى

ضيف
....
ميلمه

عمّة / خالة
....
ترور

عمّ / خال
....
كاكا/ماما

أخ
....
ورور

أخت
....
خور

الجسم

بدن

الجبين
تندی
العين
سترګي
الكتف
اوږه
الإصبع
ګوته
الوجه
مخ
الذقن
زنه
اليد
لاس
الساق
پښه
الصدر
سينه
الذراع
مټ

المرأة

ښځه

الرجل

سړی

الطفل

ماشوم

الرأس

سر

الولد

هلک

البنت

انجلۍ

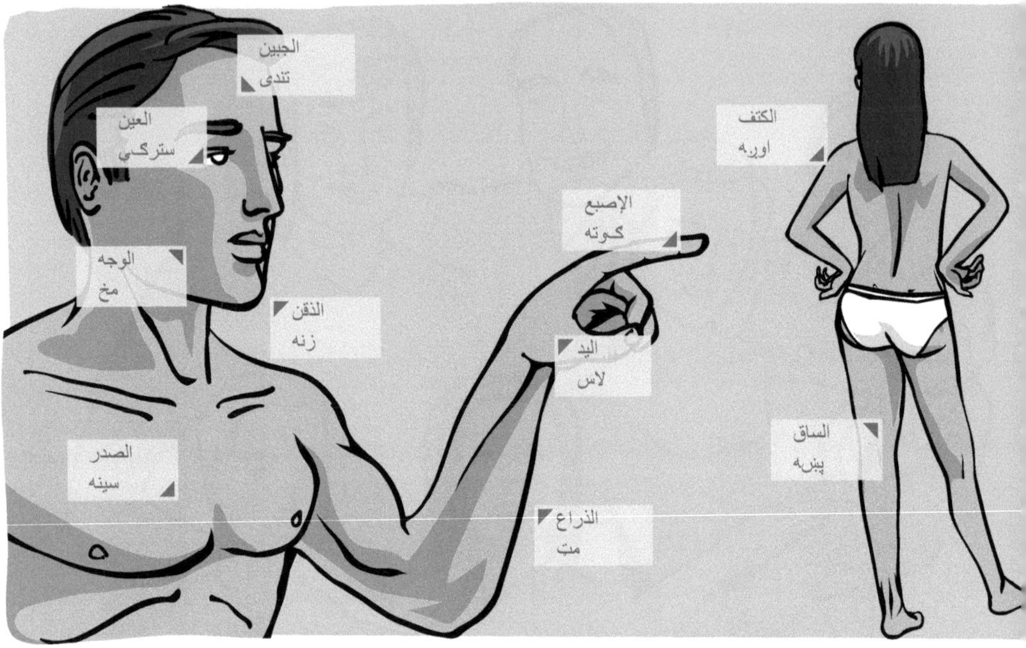

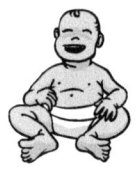

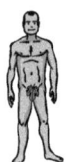

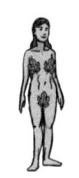

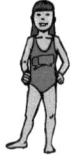

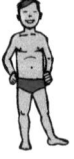

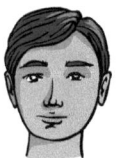

	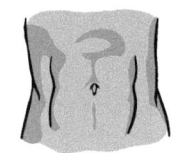	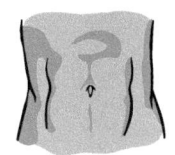
الظهر	البطن	السرّة
شا	خیته	نوم

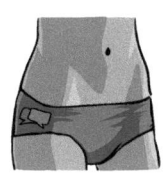	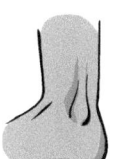	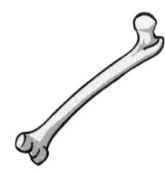
إصبع القدم	الكعب	العظم
د پښې ګوته	پونده	هډوکی

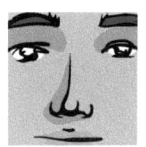		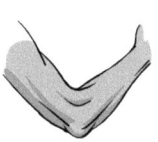
الورك	الركبة	المرفق
کوناټی	زنګون	څنګل

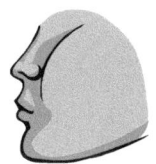	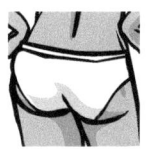	
الأنف	العَجُز	البشرة
پوزه	لاندي برخه	پوټکی

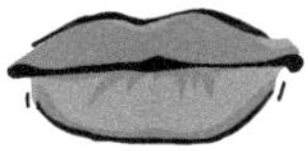

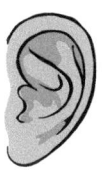		
الخد	الأذن	الشفة
غومبوری	غوږ	شونډه

اللسان

ژبه

السن

غاښ

الفم

خوله

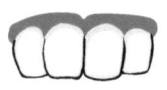

العضلة

عضله

القلب

زړه

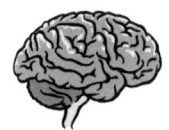

الدماغ

مغز

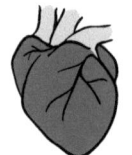

المعدة

معده

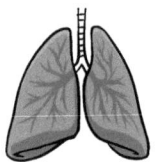

الكبد

ځيګر

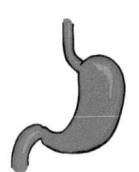

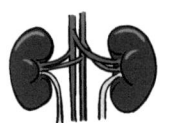

الرئة

سږی

الواقي المطاطي

کانډوم

الاتصال الجنسي

جنسي نږدې والی

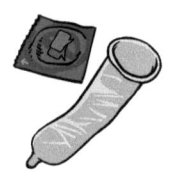

الكِلى

پښتورګي

الحمل

حمل

المنيّ

مني

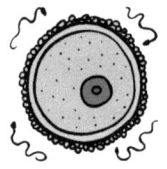

البويضة

تخمه

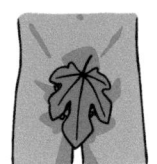	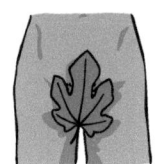	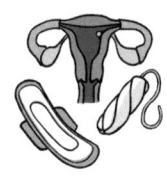
القضيب	المهبل	الحيض
....	....	....
د نارينه تناسلي آله	مهبل	حيض

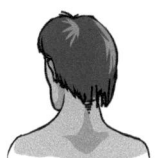		
الرقبة	الشعر	الحاجب
....	....	....
غاړه	ويښته	وروځى

المستشفى
روغتون

سيارة الإسعاف
امبولانس
الكرسي المتحرك
ويل چير
كسر
كسر

الممرضة

رنځورپال

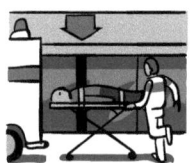

غرفة الإسعاف

عاجل خونه

الطبيب

ډاکټر

الألم

درد

مغمى عليه

بې هوش

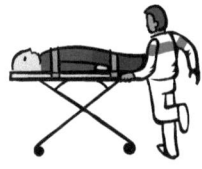

حالة

عاجل

إصابة	النزيف	احتشاء القلب
....	....	....
ټپ	وينه توېدل	د زړه حمله

جلطة	حسسية	السعال
....	....	....
ضرب	حساسيت	ټوخی

الحُمَّى	إنفلونزا	الإسهال
....	....	....
تبه	انفلوينزا	نس ناستی

	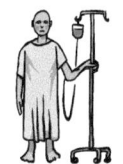	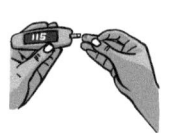
وجع الرأس	السرطان	مرض السكر
....	....	....
سر درد	سرطان	شکر

	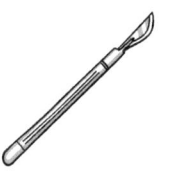	
جرّاح	مبضع	عملية
....	....	....
جراح	سکالپل	عمليات

فوق الصوتي

الټراساوند

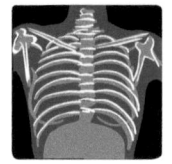

الأشعة السينية

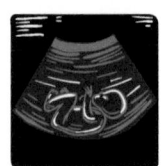

ایکس رې

سيتي سكان

سیټي

غرفة الانتظار

انتظار خونه

المرض

ناروغي

القناع

د مخ ماسک

ضماد

بنداژ

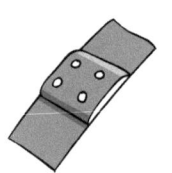

شريط لاصق

پلستر

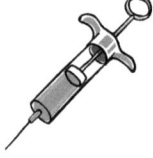

العُكاز

امسآ

نقالة

تسکیره

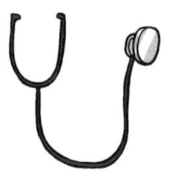

سمّاعة الطبيب

ستاتسکوپ

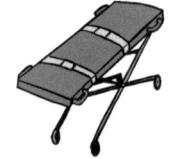

حقنة

تزریق

وزن زائد

زیات وزن

ولادة

زیږون

ميزان حرارة

کلینکي ترمامیټر

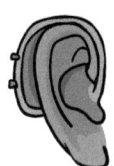

عدوى

....

عفونيت

المواد المعقمة

....

د عفونيت ځخه پاكونكي مواد

جهاز السمع

....

د اوريدو مرسته

الطب

....

درمل

الإيدز

....

ايچ.آي.وي/ايدز

فيروس

....

ويروس

حبّة الدواء

....

گـولى

أقراص الدواء

....

ټابليټس

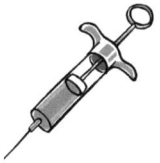

اللقاح

....

واكسين

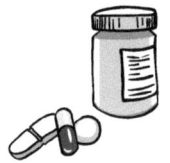

مريض / صحيح

....

ناروغ/روغ

مقياس ضغط الدم

....

د ويني د فشار ځارونكى

نداء النجدة

....

عاجل تليفون

عاجل

اعتداء

يرغل

إنذار

الارم

النجدة!

مرسته!

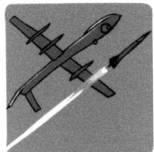

مخرج طوارئ

عاجل لاره

خطر

خطر

هجوم

بريد

حادث

پيښه

جهاز الإطفاء

د اور وژونكى

حريق!

اور!

الشرطة

پوليس

أنقذونا

ايس.او.ايس

حقيبة الإسعاف الأولي

د لومړۍ مرستې لوازم

أرض

خمكه

أمريكا الجنوبية
....
سهيلي امريكا

أمريكا الشمالية
....
شمالي امريكا

أوروبا
....
اروپا

أستراليا
....
آسټريليا

آسيا
....
آسيا

أفريقيا
....
افريقا

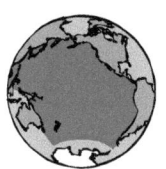

المحيط الهندي
....
د هند بحر

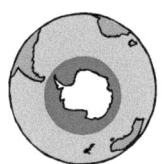

المحيط الهادي
....
پاسيفيک

المحيط الأطلسي
....
اتلانتيک

القطب الشمالي
....
شمالي قطب

المحيط المتجمد الشمالي
....
د شمال قطب بحر

المحيط المتجمد الجنوبي
....
جنوبي منجمد بحر

أرض

....

ځمکه

منطقة القطب الجنوبي

....

انټارکټیکا

القطب الجنوبي

....

سهیلي قطب

جزيرة

....

ټاپو

بحر

....

بحر

بر

....

ځمکه

دولة

....

دولت

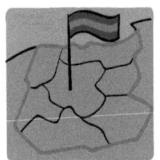

أمة

....

ملت

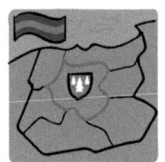

ساعة

ساعت

عقرب الدقائق

د دقيقي ستنه

عقرب الساعات

د ساعت ستنه

ميناء الساعة

د مخي ساعت

يوم

ورځ

كم الساعة الآن؟

څه وخت دی؟

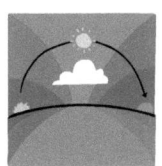

عقرب الثواني

د ثانيی ستنه

ساعة رقمية

ډيجيټل ساعت

الآن

اوس

زمن

وخت

ساعة

ساعت

دقيقة

دقيقه

ساعت - ساعة

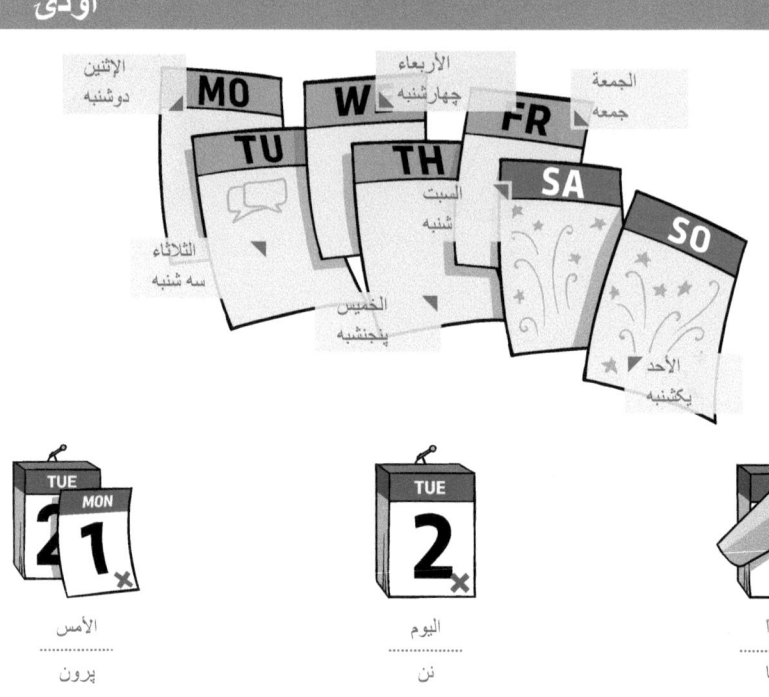

أسبوع
اونۍ

الإثنين
دوشنبه
الثلاثاء
سه شنبه
الأربعاء
چهارشنبه
الخميس
پنجشنبه
الجمعة
جمعه
السبت
شنبه
الأحد
يكشنبه

الأمس

پرون

اليوم

نن

غداً

سبا

الصباح

سهار

الظهر

غرمه

المساء

ماښام

أيام العمل

كاري ورځې

نهاية الأسبوع

د اونۍ پای

سنة
كال

قوس قزح
رنګين كمان
مطر
باران
ثلج
واوره
ريح
باد
الربيع
پسرلی
الخريف
منی
الصيف
الشتاء
ژمی

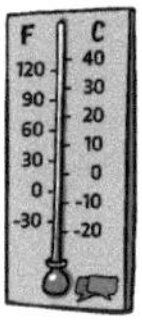

ضوء الشمس

....

د لمر وړانګې

مقياس حرارة

....

ترموميټر

التنبّؤ بالحالة الجوية

....

د موسم وړاندوينه

رطوبة الجو

....

رطوبت

ضباب

....

لړه

سحابة

....

وريځ

برق
....
رنا

رعد
....
تندر

عاصفة
....
توفان

بَرَد
....
برلى وريدل

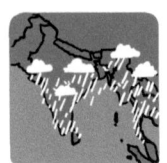

ريح موسمية
....
مون سون باران

طوفان
....
سيلاب

جليد
....
يخ

كانون الثاني / يناير
....
جنوري

شباط / فبراير
....
فبروري

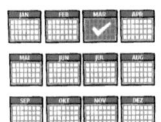

آذار / مارس
....
مارچ

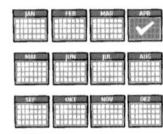

نيسان / أبريل
....
ايرپل

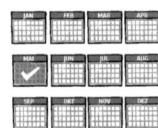

أيار / مايو
....
مى

حزيران / يونيو
....
جون

تموز / يوليو
....
جولاى

آب / أغسطس
....
اكست

تشرين الثاني / نوفمبر

نومبر

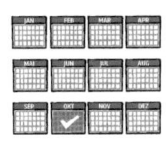

تشرين الأول / أكتوبر

اکتوبر

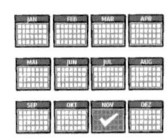

أيلول / سبتمبر

سپتمبر

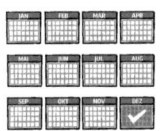

كانون الأول / ديسمبر

دسمبر

أشكال

شکلونه

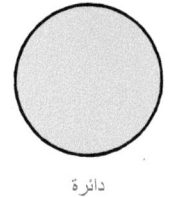

مستطيل

مستطیل

مربّع

مربع

دائرة

دایره

مكعب

فال

كرة

توپ

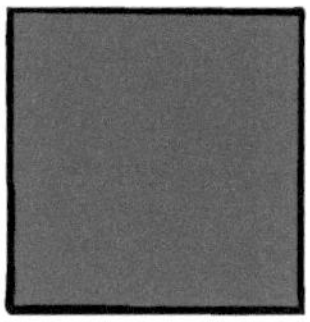

مثلث

مثلث

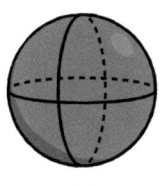

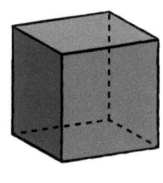

ألوان
رنګونه

برتقالي

نارنجي

أصفر

ژیړ

أبيض

سپین

بنفسجي

ارغواني

أحمر

سور

وردي

ګلابي

بنّي

نسواري

أخضر

شین

أزرق

نیلي

أسود

تور

رمادي

خړ

الأضداد

متضاد

جميل / قبيح
....
ښکلی/بدشکله

غضبان / هادئ
....
قار/ارام

كثير / قليل
....
خورا ډیر/خورا لږ

فاتح / قاتم
....
روښانه/تیاره

كبير / صغير
....
لوی/کوچنی

بداية / نهاية
....
پیل/پای

كامل / ناقص
....
مکمل/نامکمل

نظيف / وسخ
....
پاک/ککړ

أخ / أخت
....
ورور/خور

عريض / ضيّق
....
پراخه/نری

ميت / حيّ
....
مړ/ژوندی

نهار / ليل
....
ورځ/شپه

مثير / ممل

....

پاريدلی/بې خونده

شرّير / لطيف

....

بد/مهربان

صالح للأكل / غير صالح

....

د خوراک وړ/نه خوړل کیدونکی

صديق / عدو

....

ملګری/دښمن

أولاً / أخيراً

....

لومړی/وروستی

سمين / نحيف

....

چاق/وچ

ثقيل / خفيف

....

درووند/سپک

صلب / ليّن

....

سخت/نرم

مليء / فارغ

....

ډک/تش

غير شرعي / شرعي

....

غيرقانوني/قانوني

مريض / صحيح

....

ناروغ/روغ

جوع / عطش

....

لوږه/تنده

قريب / بعيد

....

نږدې/لرې

يسار / يمين

....

کيڼ/ښي

ذكي / غبي

....

هوښيار/ساده

مسِن / شاب

....

بډا/ځوان

لا شيء / بعض الشيء

....

هيڅ/يوڅه

جديد / مستعمل

....

نوی/زوړ

خافت / عالٍ

....

غلی/لوړ غږ

مفتوح / مغلق

....

خلاصه/تړلی

يشعل / يطفئ

....

چالان/بند

أحرش / املس

....

زيږ/ملايم

صح / خطأ

....

صحيح/غلط

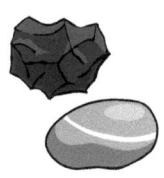

غني / فقير

....

بډايه/غريب

بطيء / سريع

....

سست/ګړندی

قصير / طويل

....

لنډ/اوږد

حزين / سعيد

....

خفه/خوښ

حرب / سلم

....

جګړه/سوله

ساخن / بارد

....

ګرم/يخ

مبلول / جاف

....

لوند/وچ

أرقام

شميرې

0	1	2
صفر	واحد	اثنان
صفر	يو	دوه
3	4	5
ثلاثة	أربعة	خمسة
دري	څلور	پنځه
6	7	8
ستة	سبعة	ثمانية
شپږ	اوه	اته
9	10	11
تسعة	عشرة	أحد عشر
نهه	لس	يولس

12	13	14
اثنا عشر	ثلاثة عشر	أربعة عشر
دولس	ديارلس	څوارلس
15	16	17
خمسة عشر	ستة عشر	سبعة عشر
پنځلس	شپاړس	وولس
18	19	20
ثمانية عشر	تسعة عشر	عشرون
اتلس	نولس	شل
100	1.000	1.000.000
مائة	ألف	مليون
سل	زر	ميليون

اللغات

ژبي

لغة ماندارين الصينية

....

چينايى مندرين

الإنكليزية الأمريكية

....

امريكايى انګلسي

الإنكليزية

....

انګلسي

الفرنسية

....

فرانسوي

الإسبانية

....

هسپانوي

الهندية

....

هندي

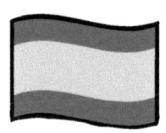

البرتغالية

....

پرتګالي

الروسية

....

روسي

العربية

....

عربي

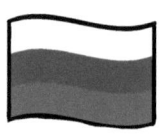

اليابانية

....

جاپاني

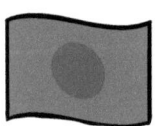

الألمانية

....

آلماني

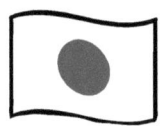

البنغالية

....

بنګالي

من / ماذا / كيف
څوک/څه/څنګه

هو / هي

هغه/دغه/دا

أنت

ته

أنا

زه

هم

دوی/هغوی

أنتم

تاسي

نحن

موږ

كيف؟

څنګه؟

ماذا؟

څه؟

من؟

څوک؟

اسم

نوم

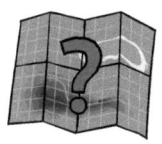

متى؟

کله؟

أين؟

چيرې؟

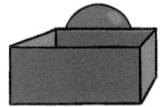

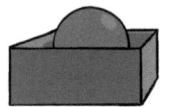

أين

چیرې

أمام

په مخه کې

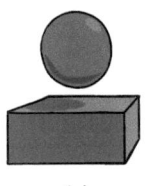

في

په

خلف

شاته

تحت

لاندې

على

په

فوق

باندې

مكان

ځای

بين

ترمينځ

جنب

برسيره پر

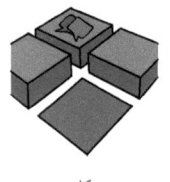